Collection Grégoire MANOS

MAI 1912

Collection Grégoire MANOS

MAI 1912

Collection de Son Exc. M. MANOS

Ancien Ministre de Grèce à Vienne

Gardes de Sabres

KODZUKAS — MENUKIS

Estampes Japonaises

PEINTURES ET KAKEMONOS

LIVRES ILLUSTRÉS

Dont la vente aura lieu à l'HOTEL DROUOT, Salle n° 10

Les Mercredi 29, Jeudi 30 et Vendredi 31 Mai 1912

COMMISSAIRE-PRISEUR	EXPERT
Mᵉ F. LAIR-DUBREUIL	Mᵉ André PORTIER
6, RUE FAVART	24, RUE CHAUCHAT

Chez lesquels se distribue le présent Catalogue.

Exposition Publique

LE MARDI 28 MAI

CONDITIONS DE LA VENTE

Elle sera faite expressément au comptant.

Les acquéreurs paieront 10 p. 100 en sus des enchères.

L'exposition mettant les amateurs à même de se rendre compte de l'état des objets, il ne sera admis aucune réclamation, une fois l'adjudication prononcée.

L'expert sera présent à l'Exposition publique et se tiendra à la disposition de MM. les Amateurs qui auraient des renseignements à lui demander ou des ordres d'achat à lui confier.

GARDÈS DE SABRE

I, — TYPES DE STYLES PRIMITIFS

1. — Garde en fer, repercée de deux motifs géométriques. Trace de damasquinure d'argent.

XVIe siècle.

2. — Garde en fer, repercée d'un double carré, ciselée au trait d'un motif de feuillage.

3. — Garde en fer, ovale, martelée finement, et repercée de motifs circulaires.

4. — Garde en fer, quadrilobée, martelée de dépressions. Cerclée de shakudo.

XVIe siècle.

5. — Garde en fer, ovale, repercée et ciselée de quatre fruits de kaki.

Type de l'Epoque des Hojo.

5 b — Garde en fer, repercée d'une fleur à quatre pétales, stylisée; traces de ciselures au trait.

XVIIe siècle. Province de Higo

II. — TYPES D'INFLUENCES ÉTRANGÈRES

6. — Petite garde, en fer, ovale, ciselée de deux personnages chinois au milieu d'un ajourage très fin de rinceaux. Type Namban.

XVe siècle.

7. — Garde en fer, ajourée de motifs de rinceaux. Tranche et plats décorés de damasquinures d'or. Anneaux de kodzuka et de kogaï en shakudo épais.

XVIe siècle. Type Namban

8. — Garde quadrilobée, en bronze jaune, ajourée de deux dragons affrontés.

XVIIe siècle. Type Namban

9. — Garde en fer, ovale, ajourée d'un dragon. Traces de damasquinures.

XVIIIe siècle. Type Namban

10. — Garde en fer, ovale, ajourée de deux dragons affrontés. Damasquinures d'or.

XVIIIe siècle. Type Namban

11. — Garde en fer, quadrilobée, ajourée d'une barque sur la mer, au-dessous de rinceaux en nuages où s'agitent des dragons.

XVIIIe siècle. Type Namban

12. — Garde en fer, octogone, à bord surélevé, ciselée et damasquinée de chien de Fô et de motifs ornementaux.
XVIIe siècle.

13. — Garde en fer, ciselée, dans l'épaisseur du métal, d'un dragon dans les nuages. Traces de damasquinures.
XVIIIe siècle.

14. — Garde en fer, en forme de coquille d'épée, décorée en relief d'un chien de Fô et de motifs floraux.
XVIIIe siècle.

III. — TYPES D'INCRUSTATION

15. — Petite garde en fer, ovale, incrustée, damasquinée et ciselée de pièces de monnaie.
Commencement du XVIe siècle.

16. — Garde en fer, quadrilobée, incrustée en bronze jaune de feuillages stylisés.
Style de Yoshiro. XVIe siècle

17. — Garde en fer, ajourée de deux feuilles de kiri, incrustée de bronze jaune, en hotsuri-zogan.
Fushimi. XVIe siècle

18. — Garde ronde, en fer, repercée de feuilles et de fleurs de chrysanthème, incrustée en léger relief de bronze jaune.
Style de Kioto XVIIIe siècle.

19. — Garde en fer, repercée de motifs géométriques, incrustée en cuivre jaune.
Style de Yoshiro

20. Petite garde en fer, quadrilobée, repercée d'une fleur stylisée, incrustée d'un dragon en cuivre doré.
Style de Higo.

21. — Garde en fer, repercée de carré et incrustée de motifs géométriques.
Style de Yoshiro.

22. — Garde en fer, ciselée et incrustée à plat, en bronze jaune, de monnaies.

23. — Garde en fer, ronde, incrustée en relief, de bronze jaune, de feuilles de paulownia.
Style de Higo.

24. — Garde en fer, repercée d'un motif de huit éventails régulièrement disposés, incrustée, en bronze jaune, de feuillages. Cerclée de shakudo.
Style de Musashi

IV. — ATELIER DES KANEIYÉ

25. — Petite garde en fer, quadrilobée, ciselée, en relief, d'un sage chinois et de son disciple.

26. — Garde en fer, quadrilobée, ciselée d'un sage, en barque, au pied d'une cascade.
Signé : Kaneiyé, habitant Fushimi en Yamashiro.
Style dit de Kaneiyé II

27. — Garde en fer, quadrilobée, ciselée de deux sages, l'un à sa fenêtre, l'autre contemplant un vol d'oies.

28. — Garde en fer, quadrilobée, ciselée en léger relief, de deux petits personnages dans la campagne.
Signé : Kaneiyé, habitant Fushimi en Yamashiro.
Style dit de Kaneiyé II.

29. — Garde en fer, quadrilobée, incrustée et ciselée d'un petit personnage, dans sa barque, contemplant une cascade.

30. — Garde en fer, quadrilobée, ciselée, en léger relief, d'un bœuf portant un petit personnage sur son dos.
Signé : Kaneiyé, habitant Fushimi en Yamashiro.

31. — Deux gardes quadrilobées, ciselées et incrustées de petits personnages.

V. — STYLE DES GOTO ET DES NOMURA

32. — Garde quadrilobée, en shakudo, à fond de nanako, ciselée et incrustée en relief, de mantes religieuses, dans un feuillage stylisé.
XVIIe siècle. Goto.

33. — Garde ovale, en shakudo, à fond de nanako, ciselée en relief d'une plante.

34. — Garde quadrilobée, en shakudo, ciselée, en relief sur fond de nanako, d'un tigre au pied d'une cascade. Damasquinures d'or et d'argent.

35. — Garde quadrilobée, à fond de nanako, ciselée en fort relief de deux guerriers. Dorures.

36. — Garde ovale, en shakudo, à fond de nanako, ciselée en fort relief de trois guerriers, passant une rivière, à cheval. Damasquinures d'or et d'argent.

37. — Petite garde quadrilobée, dorée sur la tranche, repercée d'un décor géométrique.

38. — Garde ovale, en shakudo, ciselée en relief de chien de Fô et de chrysanthèmes. Incrustations d'argent et de cuivre doré. Tranche damasquinée.

39. — Garde ovale, en shakudo, à fond de nanako, ciselée, en fort relief,
d'un dragon doré.

XVIIe siècle. Goto.

40. — Petite garde quadrilobée, en shakudo, à surface chagrinée; un petit
lapin doré sous le croissant de la lune.

41. — Garde ovale, en shakudo, incrustée en fort relief d'une carpe dorée.

Signé : Tokinari Arai. (Artiste de la famille Araï, élève de Terutoki Tokuno
Fin du 18e siècle)

42. — Garde quadrilobée, ciselée en relief d'un bœuf et de deux enfants.
Damasquinures.

43. — Garde de plus petite dimension, de même forme et de même sujet,
formant paire avec la précédente.

44. — Garde ovale, en fer, incrustée, en shakudo et bronze doré, de deux
chiens jouant dans les herbes.

45. — Garde en shakudo, à fond de nanako, repercée, en un motif, de
deux feuilles de kiri, et ciselée de fleurs de chrysanthème, dorées.

46. — Petite garde ovale, en bronze jaune, incrustée, en relief, de deux
chevaux en shakudo.

47. — Garde quadrilobée, en shakudo, à fond de nanako, ciselée en fort
relief d'un cavalier armé de l'arc. Damasquinures d'or.

48. — Garde quadrilobée, en shakudo, à fond de nanako, incrustée de
feuilles de paulownia dorées.

Signée : Mitsunori Goto.

Artiste habitant à Yedo, fils de Hojo Goto, et 16me maître de la famille Goto. Mort en 1879.

49. — Garde ovale, en shakudo, ciselée, en léger relief, de chrysanthèmes
dorés.

50. — Garde quadrilobée, en shakudo, à fond de nanako, ciselée en fort
relief de petits personnages, à tête de rats, accompagnant une
chaise à porteur.

51. — Garde quadrilobée, en shakudo, ciselée, en fort relief, de fleurs de
pivoine.

52. — Garde ovale en shakudo, ciselée, en fort relief, de personnages sous
les pins.

53. — Deux gardes, en bronze plaqué d'une lame de shakoudo, modelée,
en relief, a) dragons dans les flots; b) chariot sous les arbres.

54. — Garde ovale, en cuivre rouge, grossièrement ciselée, en fort relief, de
deux chiens de Fô.

55. — Garde en fer, incrustée en fort relief de shakoudo, de deux chiens
de Fô et de pivoines dorées.

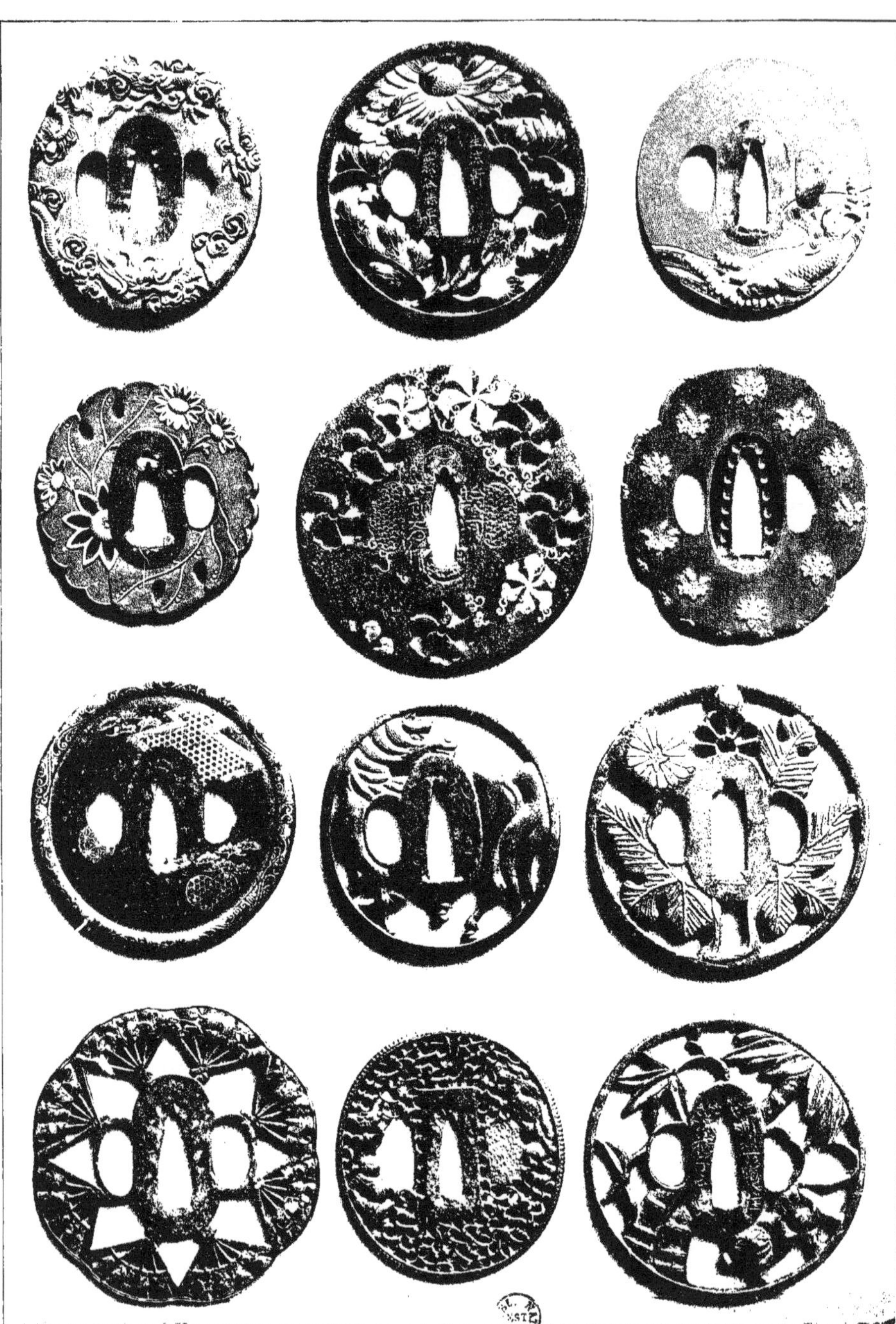

56. — Garde en fer, ciselée au trait et incrustée à plat d'argent. Chrysanthèmes et branches de cerisier.

Signée : Toun Kazumichi.

VI. — STYLE DES UMÉTADA

57. — Garde ovale, à contour perlé, ciselée en relief d'attributs. Damasquinures d'or et d'argent.

58. — Petite garde en fer, quadrangulaire.

Signée : Umétada

59. — Garde en fer, ovale, ciselée, en relief léger, d'un natté imitant la
vannerie.

18e siècle

60. — Garde ovale en fer, ciselée en relief des vagues de la mer.

Signé : Umétada en Yamashiro.

61. — Garde en fer, de forme octogonale, incrustée d'un dragon en cuivre
doré.

62. — Garde en fer, ovale, ciselée de baguettes parallèles où sont réservés
des cartouches à décor damasquiné.

63. — Garde en fer, quadrilobée, ciselée d'un motif imitant la vannerie et
incrustation, en relief de cuivre doré, de fleurs et de feuilles.

64. — Garde en fer, ciselée de plumes damasquinées.

65. — Garde en fer, découpée d'un motif rayonnant et ciselée de vagues dans
des réserves.

66. — Petite garde en fer, incrustée d'un dragon d'argent.

67. — Garde en fer, quadrilobée, ciselée d'une branche de prunier au-dessus
d'une haie. Damasquinures d'or et d'argent.

68. — Grande garde en fer, incrustée, en fort relief, d'un grand dragon
d'argent dans les nuages.

69. — Garde en fer, ovale, ciselée d'un motif natté, imitant la vannerie.

70. — Petite garde en fer, ovale, incrustée d'un dragon en cuivre doré.

71. — Garde ovale, ciselée de fleurs, damasquinures d'or.

VII. — FAMILLE DES SHOAMI

72. — Garde ronde, en fer cerclé de shakudo. Ciselée en fort relief d'un
sennin au crapaud.

73. — Garde ronde en fer, incrustée en argent d'une grue dans les roseaux

Signée : Shòami. XVIIe siècle

74. — Garde en fer, quadrilobée, ciselée, en fort relief, de trois petits
personnages au bord d'une rivière.

Signée : Shòami à Aïzu

75. — Garde en fer, ovale, ciselée d'un paysage et de deux personnages
   dans une barque. Incrustations et damasquinures de cuivre, d'or
   et d'argent.

76. — Garde en fer, ciselée de deux personnages dans une barque.

77. — Garde ronde, en fer, incrustée de coquillages en cuivre doré, cerclée
   de cuivre doré.

78. — Petite garde en fer, quadrilobée, ciselée et incrustée de coquillages.

79. — Garde en fer, hexagonale, martelée et découpée de chauves-souris
   stylisées.
                    Signée : Shigenobu-Shōami.
        (Artiste du commencement du 18e siècle à Yedo en Musashi).

80. — Garde en fer, quadrilobée, incrustée de feuillages.

81. — Garde en fer, ovale, ciselée d'un aigle guettant un singe qui se
   cache dans une caverne. Traces de damasquinures.

82. — Garde en fer, ciselée de rochers et d'une cascade.
                    Signée : Shoami.

83. — Garde en fer, ronde, ciselée, en creux, de fleurs de chrysanthème.

84. — Garde en fer, ovale, incrustée, en fort relief, de chauves-souris et de
   pivoines.

85. — Garde en fer, incrustée, en shakudo, d'un vol d'oies au-dessus des
   rochers de la mer.
                    XVIIIe siècle.

86. — Garde en fer, ciselée et incrustée d'un grand dragon dans les nuages
   et d'un tigre bondissant.
                    XVIIe siècle.

87. — Grande garde, à bords relevés, ciselée et incrustée d'un saint personnage, au bord d'un torrent.
                    XVIe siècle.

88. — Garde ronde, en cuivre rouge, cerclée de shakudo, à fond chagriné,
   incrustée d'oiseaux en plein vol.

89. — Garde en fer, ronde, repercée d'un motif de pièces du jeux d'échec.
                 Signée : Shoami, Shigenobu.
        (commencement du 18e siècle à Yedo en Musahi.)

VIII. — PROVINCE DE OMI. STYLE DES SOTEN

90. — Garde ovale, en fer, ajourée de deux personnages au bord d'une
   rivière. Damasquinures d'or.

91. — Garde en fer, ajourée et ciselée de guerriers dans une barque et d'un
oiseau géant. Incrustations et dorures.
Signée : Soheishi Niudo Soten.

92. — Garde en fer, ovale, ajourée de guerriers sur un pont. Incrustations.
Signée : Munemura. province de Omi.

93. — Garde en fer, quadrilobée, ajourée et ciselée d'un combat de guerriers. Incrustations de cuivre et d'argent. Damasquinures d'or.
Signée : Soheishi Niudo Soten

94. — Garde en fer, ajourée et ciselée d'un guerrier combattant un dragon.

95. — Garde en fer, ovale, ajourée et ciselée de personnages. Incrustations de
cuivre rouge.
Signée : Soten habitant à Hikone.

96. — Garde en fer, ronde, ajourée et ciselée d'un tigre dans les bambous.
Signée : Soheishi Soten, habitant à Hikone en Omi.
(Style de Soten I.). XVIIᵉ siècle

97. — Garde en fer, ovale, ajourée et ciselée d'un combat de guerriers.
Incrustations et dorures.
Signée : Soheishi Niudo Soten.

98. — Garde en fer plein, ciselée et incrustée en relief de personnages chinois.

99. — Garde en fer, ajourée et incrustée en relief sur un pont.
Signée : Munemura, habitant Hikone en Omi.

100. — Garde en fer, ajourée et ciselée de deux personnages, au pied d'une
cascade.

101. — Garde en fer, ajourée et ciselée très finement d'un cavalier sur un
pont et d'un guerrier combattant un dragon. Incrustations.
XVIIIᵉ siècle.

102. — Garde en fer, ajourée et incrustée de petits personnages chinois.
Signée : Soheishi, Niudo. Soten.

102 b — Garde en fer, ovale, ajourée et ciselée d'un oiseau de Hô dans le
feuillage.
Signée : Tsunenobu en Omi.

IX. — GENRE MARUBORI ET SES DÉRIVÉS

103. — Garde en fer, ronde, ajourée et ciselée d'un singe sur un rocher, au
dessous de feuillages.
XVIIᵉ siècle.

104. — Garde en fer, ronde, ajourée d'un crapaud, d'un serpent et d'une
limace. Cerclée de shakudo doré.
XVIIIᵉ siècle.

105. — Garde en fer, ovale, ajourée et ciselée d'un casque et d'une branche
de prunier. Damasquinures d'or.

106. — Garde en fer, ajourée et ciselée de deux corbeaux.

107. — Garde en fer, quadrilobée, ajourée et ciselée d'une caille dans les herbes. Traces de damasquinures.

108. — Garde en fer, ovale, ajourée et ciselée d'un cheval.

109. — Garde en fer, ovale, ajourée et ciselée de deux lapins courant sur les flots de la mer.

109 b.— Garde en fer, ajourée et ciselée de branches et de fruits. Damasquinures.

X. — ÉCOLES DE DAMASQUINEURS

110. — Grande garde en fer, ovale, repercée de fleurs stylisées, et damasquinée en or d'un motif de feuillage.
Province de Awa. XVIIᵉ siècle.

111. — Garde en fer ovale, présentant des traces de damasquinures.

112. — Garde en fer, ciselée et damasquinée, en or et argent, d'une libellule.

113. — Garde en fer, ovale, damasquinée en argent de motifs géométriques.

114. — Garde du même type.

115. —· Garde en bronze jaune, ciselée de lignes rayonnantes, damasquinée légèrement de fleurs et de feuilles.

116. — Garde en fer, ronde, damasquinée d'un paysage de pins. Bord surélevé.
Travail de Kyoto. XVIIIᵉ siècle.

117. — Garde en fer, damasquinée, en or et argent, d'insectes : sauterelle, papillon et libellule.

118. — Garde en fer, quadrilobée, damasquinée d'un dragon d'or dans les nuages.
Style d'un Umetada.

XI. — PROVINCE DE ECHIZEN. LES KINAÏ

119. — Garde en fer, ciselée de deux feuilles accolées.
Signée : Kinaï, habitant la Province de Echizen. VIIᵉ siècle.

120. — Garde en fer, ovale, ajourée d'une biche et de feuillage.
Signée : Kinaï, habitant la Province de Echizen.

121. — Garde en fer, ajourée et ciselée d'un feuillage.

122. — Grande garde circulaire, en fer, ajourée de feuilles de paulownia. Tranche damasquinée d'or.
Signée : Kinaï, habitant la Province de Echizen. VIIIᵉ siècle.

123. — Garde en fer, ajourée d'un dragon au-dessus des flots.
Signée : Kinaï, habitant la Province de Echizen.

124. — Garde en fer, ajourée et ciselée de feuilles de Kiri.

Signée : Kinai, habitant en Echizen.

124 *b*.— Garde en fer, circulaire, ciselée de pivoine, cerclée de cuivre doré.

Signée : Yoshihisa Miöchin en Echizen (Artiste du commencement du XIX° siecle.)

XI. – PROVINCE DE HIZEN

125. — Garde en fer, ovale, ciselée d'un paysage, incrustée de petits personnages en cuivre rouge, damasquinée d'or.

Signée : Jakushi.

126. — Garde en fer, ovale, ciselée en léger relief d'un paysage.

Style de la Famille Kizayemon. XVII° siecle.

127. — Garde en fer, ciselée d'un paysage au bord de l'eau. Petites incrustations en cuivre rouge, damasquinures d'or.

Style de la Famille Kizayemon.

127 *b*.— Deux gardes en fer, ovales, ciselées de dragons dans les nuages.

Signées : Jakushi.

XII. — PROVINCE DE HITACHI

128. — Garde en fer, quadrilobée, ciselée en fort relief et incrustée en bronze jaune de coquillages.

129. — Garde en fer, incrustée en fort relief de bronze jaune et de shakudo, d'un coutelas.

Style d'un atelier de la Ville de Mito.

130. — Garde en fer, épaisse, incrustée en fort relief de shakudo et de cuivre rouge, d'une araignée, d'une libellule et d'une mouche.

Style de Mito.

131. — Garde en fer, ciselée en fort relief d'une tortue de mer.

132. — Garde en fer, ciselée et incrustée en relief d'une rave et d'un fruit de kaki.

133. — Grande garde en fer, ciselée de motif rayonnant et incrustée en fort relief de shibuichi, d'une guêpe et de feuilles.

133 *b*.— Deux gardes en fer, quadrilobées, pour le grand et le petit sabre ciselées en relief et incrustées de fers de flèche.

134. — Garde en fer, ovale, ajourée et ciselée de feuilles et de fleurs de chrysanthèmes, damasquinures d'or.

Signée : Katsuhira Sekijoken, Hagiya.
(Artiste de l'Ecole des Sekijoken, Famille Hagiya, habitant à Mito en Hitachi,
au milieu du XIX° siècle.)

134 *b*.— Garde en shibuishi, ovale, incrustée et ciselée en haut relief de métaux rares, d'un coq sur un tambour, d'une poule et de ses poussins.

Signée : Tokaken, Tomomitsu.
(Artiste de la Famille Hirano, à Mito. au commencement du XIX' siècle.)

134 *c*.— Garde en cuivre rouge, ovale, incrustée en shakudo. et ciselée au trait d'un feuillage, damasquinures d'or.

Signée : Tomotoshi, habitant à Mito.
(Artiste de la Famille Kato, élève du précédent, à Mito en Hitachi, XIXᵉ siècle.)

XIII. — PROVINCE DE NAGATO

135. — Garde en fer, circulaire, ciselée en relief léger, d'un paysage et de petits personnages.

Signée : Tomomitsu Nakai en Nagato. XVIIᵉ siècle.

136. — Garde en fer, quadrilobée, ciselée de deux petits personnages, dans une barque, au pied des montagnes.

Signée : Shigehissa, habitant Hagi en Nagato.

137. — Garde en fer, ovale, ciselée d'un paysage en léger relief.

138. — Garde en fer, ciselée d'un chien de Fo, auprès d'une cascade.

Signée : Toyonobu, habitant en Nagato.
(Artiste de la Famille Okamoto, fils de Toyoaki, milieu du XIXᵉ siècle.)

139. — Garde en fer, ovale, ciselée d'un paysage.

140. — Garde en fer, ciselée d'un dragon dans les nuages.

Signée : Michisada, à Hagi en Nagato.

141. — Garde en fer, ovale, ciselée d'une barque à nombreux rameurs, sur la mer, en vue du Fuji. Damasquinures délicates.

Signée : Yurin

142. — Garde en fer, ajourée de deux feuilles de Kiri, opposées.

Signée : Manasada en Nagato.

XIV. — ÉCOLE DES NARA. — LES HAMANO

143. — Petite garde en fer, ovale, incrustée en bronze, d'un corbeau sur une branche d'arbre.

144. — Garde en fer, incrustée en relief de shakudo, d'une oie en plein vol.

145. — Petite garde en fer, quadrilobée, échancrée, incrustée d'une branche fleurie et d'un papillon.

146. — Garde en fer, ciselée en relief de deux renards, sous la lune.

146 *b*.— Garde en shakudo, ovale, ciselée et incrustée en relief d'un petit personnage.

Signée : Toshiyoshi.
(Ecole de Nara, à Yedo, milieu du XIXᵉ siècle.)

147. — Garde en fer, ovale, ciselée en relief d'une haie sous un arbre, incrustée en relief de shakudo d'un grillon, Damasquinures d'or.

147 *b.*—Garde en bronze jaune, quadrilatérale, à angles arrondis, ciselée d'un samouraï à cheval, incrustations d'or et d'argent.
Signée : Tsuneshige.
(Artiste de la Famille Kawamura, à Yedo, au XVIIIe siècle. École des Nara.)

148. — Garde en fer, ciselée d'un cerf sous les branches. Damasquinures d'or.

149.— Deux gardes en fer, incrustées en relief de feuilles et de fleurs.

149 *b.*—Garde en bronze jaune, incrustée en bronze d'or, de plantes aquatiques.
Signée : Yasuchika.

150. — Garde en fer, incrustée en fort relief de bronze jaune, de deux lapins.

151. — Garde en fer, quadrilobée, incrustée et ciselée de petits personnages dans une barque, au pied des montagnes.

152. — Garde en fer, quadrilobée, ciselée en fort relief d'un chien, incrustations de feuillage en bronze doré.

153. — Garde en fer, quadrilobée, incrustée en shakudo d'une oie qui vole au-dessus des roseaux.

154. — Petite garde en fer, quadrilobée, incrustée en cuivre doré, d'un chien près d'une tige fleurie.

155. — Garde en bronze jaune, ajourée et ciselée d'un pin. Damasquinures d'or.

156.— Garde en fer, ovale, ciselée et incrustée d'un sage et de son disciple. Dans le ciel vol d'une grue.

157. — Garde en fer, quadrilobée, incrustée en relief de deux lapins en shakudo et bronze doré.

158. — Garde en fer, circulaire, ciselée en fort relief et incrustée en shakudo, d'un paysan avec son bœuf sous les branches d'un arbre.

159. — Petite garde en shakudo, quadrilatérale, incrustée et ciselée d'un aigle et d'un lapin en shibuishi, au bord de la mer. Légères incrustations d'or.

160. — Garde en fer, quadrilobée, incrustée en shakudo de deux bœufs sous un arbre.

161. — Garde en fer, ovale, ciselée et incrustée en relief d'un personnage, sous les rayons de la lune.

162. — Garde en bronze jaune, ciselée en relief d'un grand shoki dans
sa barque.

163. — Garde en cuivre rouge, ciselée et incrustée en shakudo d'un enfant,
qui tient à la main un grand sac.

164. — Garde bronze jaune, quadrilatérale, ciselée d'un sennin regardant
une tortue qui nage dans la mer.

165. — Garde en cuivre rouge, quadrilobée, incrustée en relief de shakudo
d'une tige de bambou.

XV. — ÉCOLES DES YOKOYA — YANAGAWA

166. — Garde en shakudo, quadrilobée, ciselée au trait d'un chien de Fô
et de pivoines.

167. — Garde en bronze jaune, ciselée au trait d'un aigle tenant un singe
dans ses serres.

168. — Grande garde en bronze, incrustée en haut relief, de cuivre rouge,
du buste d'un personnage au masque énergique, incrustations de
shakudo et d'or.

Signée : Somin.
(Somin III, à Mito en Hitachi, puis à Yedo. Première moitié du XIXe siècle.)

169. — Garde en fer, ovale, ajourée et ciselée d'un tortue au bord de la
mer.

Signée : Naohisa.
(Artiste de la Famille Inobuse, à Yedo, élève des Yanagawa, au milieu du XVIIIe siècle).

170. — Petite garde en shakudo, à fond de nanako, ovale, incrustée en
relief léger d'argent, et ciselée d'une touffe de fleurs.

Signée : Haruyoshi.
(Artiste de la Famille Sukegawa. commencement du XIXe siècle, à Sendai dans la Province
de Mutsu. Eleve de Naoharu Yanagawa.)

XVI. — PROVINCE DE MUSASHI
ATELIERS DES AKASAKA ET DIVERS

171. — Garde en fer, ajourée d'une mante religieuse et de roues. Légères
damasquinures d'or.

Genre Kisukashi.

172. — Garde en fer, ovale, ajourée d'un motif de feuillages.

Ateliers des Akasaka.

173. — Garde en fer, ovale, ajourée et ciselée de branches de prunier.

174. — Garde en fer, ovale, ajourée et ciselée de rats et d'une branche de
kaki.

Signée : Mitsumasa.
(Artiste de la Famille Kikuoka, à Yedo, XIXe siècle.)

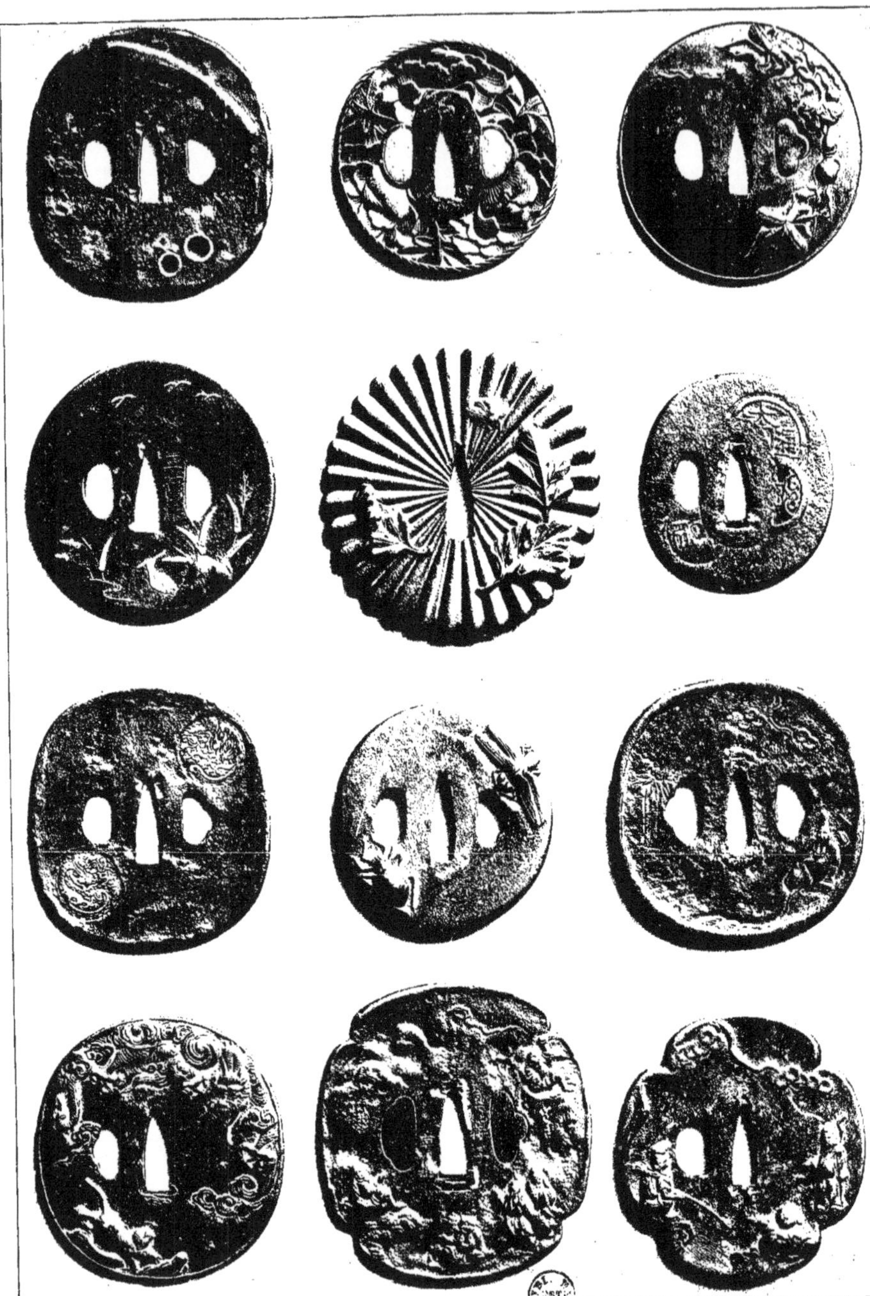

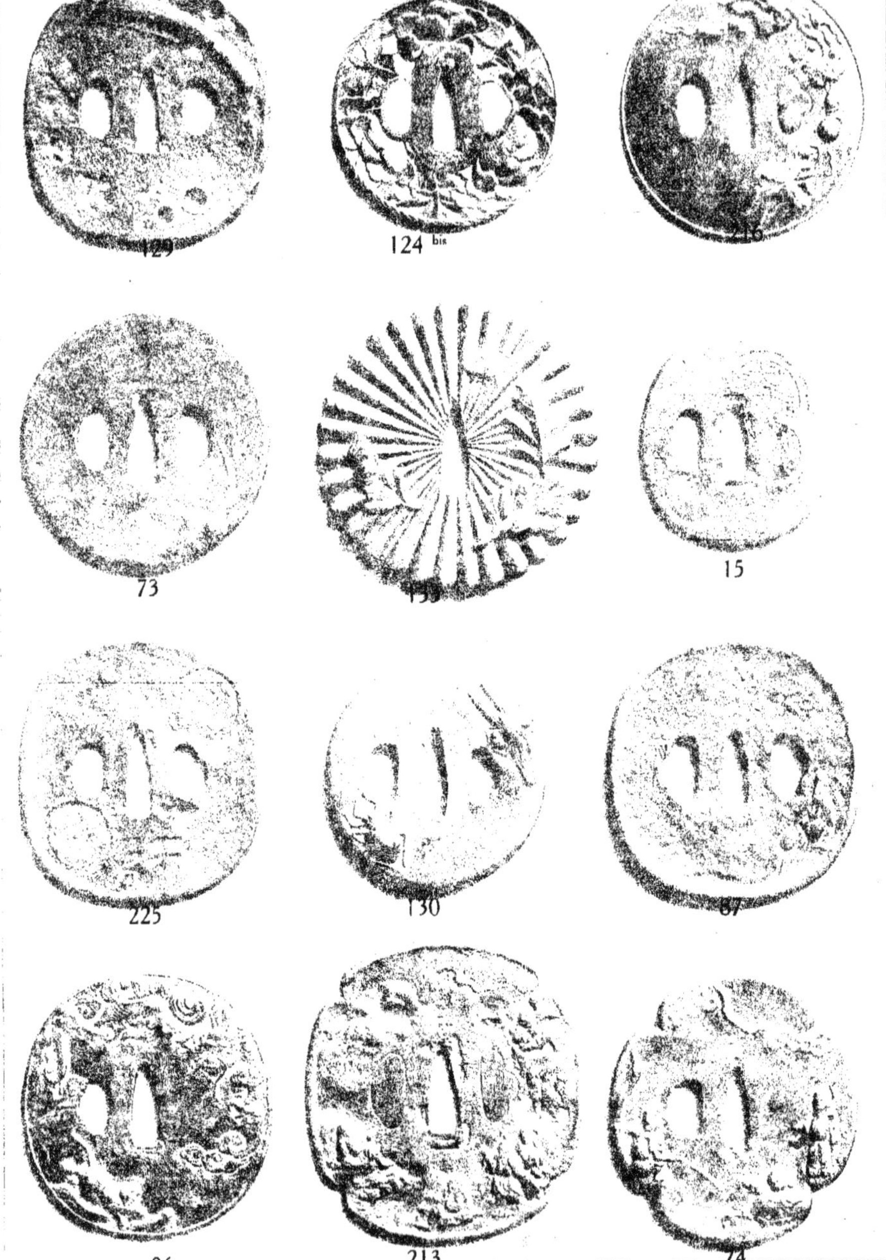

129
124 bis
216
73
139
15
225
130
87
86
213
74

175. — Garde en fer, ajourée et ciselée de deux feuilles de kiri opposées.
Signée : Massahira en Musashi.

176. — Garde en fer, circulaire, ajourée de feuillages et d'oiseaux.
Genre Kisukashi. Style de Kyoto.

177. — Garde en fer, quadrilobée, ciselée de chysanthèmes.

178. — Garde en fer, ovale, ajourée de sapins et de volutes.
Style des Akasaka-Yedo.

179. — Garde finement découpée de fleurs flottant sur le courant. Damasquinures légères.
Signée : Sadatsugu à Yedo.
(Artiste de la Famille Fujita, commencement du XIXe siècle.

180. — Garde en fer, ovale, ajourée et ciselée d'un cheval.
Signée : Moritsune en Musashi.
(Artiste de la Famille Ishiguro. Première moitié du XIXe siècle.)

181. — Garde en fer, ovale, repercée en négatifs de silhouettes de fruits.
Signée : Massaharu, en Mousashi.

XVII. — STYLES DIVERS

182. — Garde ovale en shibuishi, ciselée au trait et en léger modelé d'un personnage accroupi. Au revers, un autre personnage accablé par l'étude.
Signé : Jugakuken Motosada
(Artiste de la Famille Tani, habitant la Province d'Izumo au XIXe siècle.)

183. — Garde en fer, ciselée en relief d'un oiseau de proie au-dessus des branches d'un pin.
Signée : Yoshitane, commencement du XIXe siècle.

184. — Garde en fer, quadrilobée, ciselée et incrustée de deux personnages au-dessous des branches d'un pin.

185. — Garde en cuivre rouge, incrustée en relief de coquillages et d'oiseaux. Fond chagriné.

186. — Garde en bronze jaune quadrilatérale, à angles arrondis, incrustée en fort relief d'argent et shakudo d'une chouette sur une branche.

187. — Garde en bronze jaune, ciselée et incrustée en fort relief de shibuishi d'une carpe remontant le courant. Au revers, paysage.
Signée : Jiusó Hogan.

188. — Garde en fer, ovale, incrustée et ciselée en relief de trois personnages dans une barque.

189. — Garde en fer, quadrilobée, ciselée et incrustée d'un cavalier et d'un guerrier à pied. Dans le ciel, vol d'oies.
Influence des Soten.

190. — Garde en cuivre rouge, quadrilatérale, incrustée en relief de shibuishi d'un oiseau au vol et du croissant de la lune.
Signée : Seiundo Tomine. Époque Kaei (1848.1854).

191. — Garde en fer, ovale, ciselée et incrustée de deux petits personnages sous un rocher au bord de la mer.

192. — Garde en fer, ovale, ciselée d'un petit paysage, au bord d'une rivière.
Signée : Ichirusai Masamitsu.

193. — Garde en fer, ovale, ciselée et incrustée des vagues de la mer et d'hirondelles de mer.
Style des Omori.

194. — Garde en cuivre rouge, incrustée en relief de shakudo d'un oiseau dans les herbes.

195. — Garde en bronze jaune, ciselée en haut relief d'un personnage.
Signée : Seirin.

196. — Garde en bronze jaune, ciselée en relief et incrustée de deux petits personnages dans une barque.
Signée : Hiroyuki.
(Hiroyuki II, de la Famille Murota, XIXe siècle.)

197. — Petite garde en fer, quadrilobée, ciselée en imitation des veines du bois, et incrustée d'un feuillage.

198. — Petite garde en fer, ovale, incrustée de fleurs.

199. — Garde en bronze jaune, incrustée en shakudo et cuivre rouge, d'un éventail, d'un écran et d'un rat. Damasquinures d'or.
Signée : Sadamasa.

200. — Garde en shibuishi, quadrilatérale, à angles arrondis, incrustée en shakudo doré d'un cerf, au bord d'un précipice.
Signée : Yoshiyuki Hiyama.
(Artiste de la Famille Hiyama, à Yedo, fin du XVIIIe siècle.)

201. — Garde en fer, quadrilobée, ciselée en relief d'un casque, d'une selle et d'un sabre; légères incrustations

202. — Garde en bronze jaune, ovale, incrustée en relief de shakudo d'un corbeau sur une branche.
Signée : Buntukusai Sadataka.

203.— Garde en shakudo, ovale, ciselée en haut relief et incrustée d'argent et d'or, d'une femme drapée dans une longue robe.
Signée : Yegawado Kwando.

204. — Garde en fer, quadrilobée, ciselée en relief d'un arbre. Légères incrustations.
Signée : Sangi.

205. — Garde en cuivre rouge, ciselée en fort relief d'une barque dans les roseaux et de grues. Damasquinures d'or.

206. — Garde en fer, quadrilobée, ciselée d'un grand personnage grimaçant.
Signée : Shiohote Kanousô

207. — Petite garde en bronze jaune, incrustée de feuillage.

208. — Garde en fer, incrustée de deux petits personnages courant sous la pluie.

209. — Grande garde en fer, circulaire, ciselée en relief d'un pin au bord de la mer. Damasquinures d'or.

210. — Grande garde en shibuishi, quadrilatérale à angles arrondis, incrustée en haut relief d'argent, d'or et de shakudo, et très finement ciselée, d'un faisan sur un branche d'arbre, au bord d'une rivière.
Signée : Sasayama, Atsuoki.
(Artiste habitant Kyoto au XIXe siècle. Élève de Mitsuoki de la Famille Ozuki.)

211. — Garde en fer, quadrilatérale, incrustée en relief de shibuishi, d'un chien sous la lune.

212. — Grande garde en fer, quadrilobée, ciselée et incrustée en haut relief de shibuishi d'un tigre bondissant auprès d'une cascade. Damasquinures d'or.
Signée : Togakushi Ishiguro Koretsune.
(Koretsune II de la Famille Ishiguro, à Yedo au milieu du XIXe siècle.)

213. — Grande garde en fer, quadrilobée, ciselée de petits personnages. Incrustations de cuivre rouge. Damasquinures.
Signée : Hidetomo, Oûshi.

214. — Garde en fer, ovale, ciselée en haut relief de deux grues dans les roseaux. Damasquinures d'or.

215. — Garde en bronze jaune, ajourée d'une lance enroulée en forme de tête de dragons.
Signée : Sunagawa.

216. — Garde en fer, ovale, ciselée et incrustée d'insectes dans le feuillage.
Signée : Toshinaga artisan des Myochin.

217. — Garde en fer, circulaire, ciselée et incrustée d'un petit personnage regardant un paysage.

218.— Garde en fer, quadrilatérale, ciselée en léger relief d'un tigre.
Signée : Unsesai.

219. — Garde en fer, circulaire, ciselée de coquillages.
Inscription : Akao.
(Akao, ville de la province de Harima.)

220. — Garde en fer, quadrilobée, ajourée et ciselée de fleurs et feuilles de chrysanthème.
Signée : Houshu, habitant la ville de Chiyohan.

221. — Petite garde en cuivre rouge, quadrilobée, incrustée finement en shakudo et argent, d'ustensiles divers.

222. — Garde en fer, quadrilobée, ciselée de vagues.
Cachet : Tòu-Fuku.

223. — Petite garde en forme d'un fruit de kaki, ajourée et ciselée.
Signée : Takahide.

224. — Garde en fer, ciselée en imitation des veines du bois, et ajourée.

225. — Garde en fer, quadrilatérale, à angles arrondis, incrustée de deux cartouches, représentant des dragons enroulés.
Cachet : Chikatomo.
(Artiste de Yedo, vers 1800. Élève de Kiyotsugu de la Famille Yoshioka.)

226. — Garde en fer, circulaire, incrustée d'émail.

227. — Garde en bois, laquée d'or, représentant deux oies dans les roseaux.
Signée : Tsuneyoshi.

KODZUKAS

I. — ÉCOLE D'INCRUSTATION

228. — Deux kodzukas en fer, incrustés de cuivre rouge et de bronze jaune : *a*, masque; *b*, tige fleurie.

XVIIe siècle.

229. — Deux kodzukas en fer, incrustés de cuivre rouge, de bronze jaune et d'argent : *a*, ornement; *b*, lanterne de temple au-dessus d'un torii.

XVIIe siècle.

230. — Deux kodzukas en fer, ciselés et incrustés d'argent et de bronze doré : *a*, jongleur sur la corde; *b*, petit personnage et branche fleurie.

XVIIIe siècle.

231. — Deux kodzukas, l'un en fer, l'autre en bronze jaune, incrustés de shakudo et argent : *a*, escargot et grenouilles; *b*, tortues de mer.

(Style des Shoami.)

232. — Deux kodzukas en fer, incrustés et damasquinés.

XVIIIe siècle.

II. — STYLE DES GOTO

233. — Kodzuka en sukado, à fond de nanako, ciselé en relief et incrusté en or, de deux chevaux au galop.

234. — Deux kodzukas en bronze, ciselés en relief et plaqués d'or : *a*, oiseau de Hô; *b*, une barque dans les roseaux.

235. — Trois kodzukas, en bronze, à fond de nanako, ciselés en relief, incrustés d'or et d'argent : *a*, guerriers traversant un rivière; *b*, branche fleurie sous la lune; *c*, petit personnage.

236. — Kodzuka en shakudo, à fond de nanako, incrusté en relief d'un dragon doré.

237. — Deux kodzukas, en shakudo, incrustés en relief et damasquinés : *a*) scène guerrière; *b*, tigresse avec son petit sur le dos.

238. — Deux kodzukas, en bronze, ciselés en relief et plaqués d'or : *a*, dragons; *b*, oiseau et tuiles.

239. — Deux kodzukas, en bronze, ciselés en relief et damasquinés; *a*, petits personnages; *b*, coquillages.

240. — Deux kodzukas en shakudo, à fond de nanako, ciselés en relief, plaqués d'or: *a*) une barque chargée de passagers; *b*) attributs.

241. — Kodzuka en shakudo, à fond de nanako, incrusté en relief de deux chiens de Fô.

242. — Deux kodzukas en shakudo, ciselés en relief et incrustés : *a*) un petit personnage tient un bâton sur lequel est perché un oiseau. *b*) Petits personnages.

243. — Deux kodzukas en bronze, ciselés, damasquinés et incrustés: *a*) rave; *b*) oiseau de Hô.

244. — Deux kodzukas en bronze, incrustés en or, shakudo et cuivre rouge : *a*) fleurs; *b*) petit personnage pêchant au bord d'une rivière.

245. — Kodzuka en shakudo, ciselé et damasquiné : une tigresse, son petit sur le dos, traverse une rivière.
Signé : Moritsune Ishiguro
(Artiste de Yedo, XIXe siècle.)

246. — Sept kodzukas, en bronzes divers.

III. — STYLE DES NARA-HAMANO

247. — Deux kodzukas en fer, ciselés et incrustés en relief d'argent : *a*) libellule; *b*) sauterelle.

248. — Kodzuka en cuivre rouge, incrusté en relief de shakudo, d'oiseaux dans les branches.
Signé : Masanori.

249. — Deux kodzukas en bronze jaune, incrustés en relief de cuivre rouge et de shakudo : *a*) coq; *b*) cailles dans l'herbe.

250. — Kodzuka en fer, incrusté en relief de shakudo : petit personnage nageant, près d'une barque.

251. — Deux kodzukas en fer, incrustés en relief d'argent: *a*) sauterelle; *b*) deux grues dans les herbes.

252. — Kodzuka en bronze jaune, incrusté en relief de shakudo d'un aigle sur un torii.
Signé : Yasuchika.

253. — Kodzuka en bronze, ciselé en relief et damasquiné d'un personnage.
Signé : Tsuchiya Yasunobu.
(Nom d'artiste d'un des Yasuchika.)

254. — Kodzuka en fer, incrusté en shakudo, cuivre rouge et argent, d'une tortue dans les roseaux.

255. — Deux kodzukas en bronze jaune, incrustés en relief de bronzes, d'oiseaux dans les roseaux.

256. — Kodzuka en bronze jaune, incrusté, à plat et en relief, d'un oiseau au vol, devant le disque de la lune.

257. — Kodzuka, en cuivre rouge, ciselé d'un personnage occupé à peindre.
Signé : Masayuki

258. — Deux kodzukas en cuivre rouge, ciselés de personnages.
Le premier signé : Makigawa.

259. — Deux kodzukas en cuivre rouge et shibuishi, ciselés de personnages.

260. — Kodzuka en cuivre rouge, ciselé de deux personnages.
Signé : Masayuki.

261. — Kodzuka en cuivre rouge, ciselé d'un tigre.
Signé : Haruchika.
(Artiste des Hamano, élève de Haruyuki, XIXe siècle.)

262. — Kodzuka en shakudo, ciselé en haut relief et incrusté d'or : deux guerriers.
Signé : Toshimassa.
(Artiste de la famille Yegawa, XIXe siècle. à Yedo.)

263. — Kodzuka en shakudo, ciselé d'un personnage. Incrustations d'or.
Signé : Dojiu.

264. — Kodzuka en cuivre rouge, ciselé très finement d'un personnage déroulant un kakemono.

265. — Kodzuka en shibuihi, incrusté en relief de fleurs et de papillons.
Signé : Masayuki.

266. — Kodzuka en bronze jaune, ciselé d'un vieillard montrant un makemono à un enfant.

267. — Kodzuka en shibuishi, ciselé d'un petit personnage jonglant, perché sur une balle de paille.
Signé : Hakugioku Naosada.

IV. — STYLE DES YOKOYA ET DE LEURS ÉLÈVES

268. — Kodzuka en shibuishi, ciselé au trait et incrusté à plat d'une branche fleurie.
Signé : Kazujio.

269. — Kodzuka en bronze, damasquiné et ciselé au trait d'un personnage.
Signé : Furugawa Genshin

270. — Kodzuka en bronze jaune, ciselé au trait de feuillage, et incrusté
en relief d'argent d'un fruit de gourde.
Signé : Josui.
(Artiste de la famille Kamo, à Kioto, 18ᵉ siècle).

271. — Kodzuka en shibuishi, ciselé d'une libellule au-dessus des herbes.
Signé : Isshinsaï.
(Artiste de la famille Suzuki, habitant Mito en Hitachi, 19ᵉ siècle).

V. — STYLES DIVERS

272. — Kodzuka en cuivre rouge, décoré d'un oiseau de proie sur une
branche.
Signé : Shinonome.

273. — Deux kodzukas en cuivre rouge, ciselés en relief et incrustés de shakudo et de shibuishi : a) feuilles sur l'eau; b) crevette.

274. — Kodzuka en shakudo, incrusté au trait d'or d'un motif de feuillage.

275. — Kodzuka en cuivre rouge, ciselé, en forme de poisson séché. Traces
de dorure.

276. — Kodzuka en shakudo, ciselé et incrusté, sur fond de nanako, de deux
oies volant devant la lune.
Signé : Miochin Munechika.

277. — Deux kodzukas en bronze jaune, incrustés de shakudo et cuivre rouge:
a) motif de feuillage; b) guerrier endormi sous les pins.

278 — Trois kodzukas en bronze doré: a) petit personnage dans une grotte;
b) buste d'un personnage grimaçant; c) dragon.

279. — Kodzuka en shibuishi, ciselé au trait d'un sennin gama appuyé sur
son bâton.
Signé : Harunori.

280. — Kodzuka en shakudo, ciselé et incrusté en or.

281. — Deux kodzukas en bronze jaune, ciselés en relief: a) chien de Fô
et pivoines; b) dragon.

282. — Kodzuka en bronze, ciselé en relief d'un dragon damasquiné d'or.

283. — Deux kodzukas en fer, ciselés en relief: a) oiseau de Hô; b) hirondelles de mer au-dessus des vagues.

284. — Kodzuka en bronze jaune, ciselé et incrusté en shakudo, shibuishi,
cuivre et or, d'un singe dans les rochers, et que menace un aigle.
Signé : Hironobu.
(Élève des Hironaga, 19ᵉ siècle).

285. — Deux kodzukas en bronze, damasquinés d'or, décorés de personnages
hollandais.

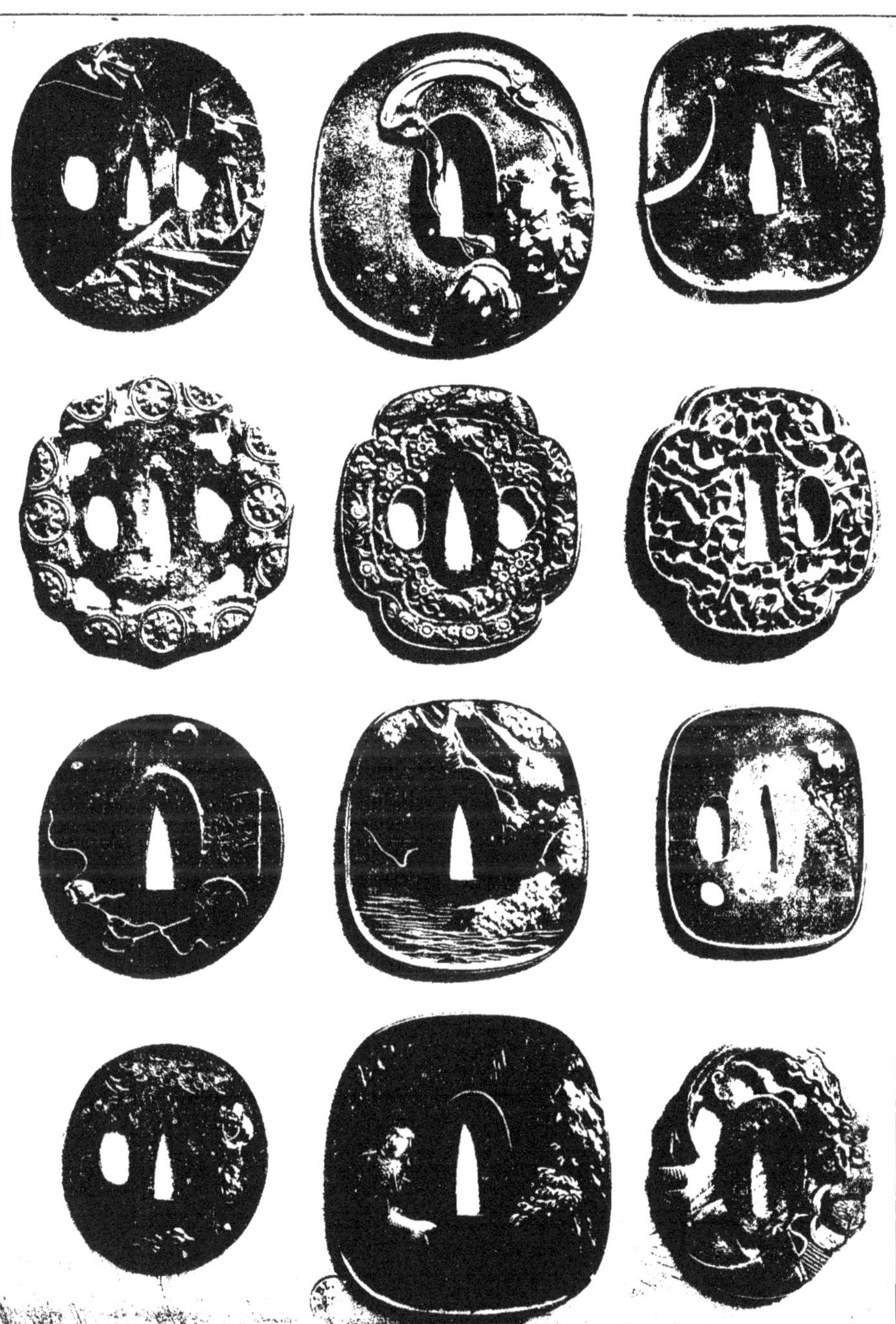

286. — Kodzuka en cuivre rouge, incrusté, en shakudo et argent, d'une oie
devant le croissant de la lune.

287. — Kodzuka en shibuishi, ciselé en relief d'une tigresse à la nage, portant son petit.
Signé : Kumagai Tenshi.

288. — Deux kodzukas en bronze jaune, ciselés en relief: *a)* grues volant;
b) attributs.

289. — Kodzuka en shibuishi, ciselé et incrusté en relief d'un sage et de
son disciple dans la campagne.

290. — Kodzuka en fer, incrusté de bronze et de corail : inro et poche à
tabac.

291. — Kodzuka en bronze jaune, ciselé, incrusté d'un paysage au bord
de la mer.
Signé : Tago Shinrioken.

292. — Deux kodzukas en bronze, ciselés et incrustés: *a)* cailles dans les
herbes; *b)* oiseau volant au-dessus des bambous.

293. — Kodzuka en shakudo, incrusté en relief de cuivre rouge, d'un poisson.
Signé : Mitsuoki.
(Artiste de la famille Ozuki, à Kioto, 19ᵉ siècle).

GARNITURES DE SABRES

294. — Kogai en shibuishi, ciselé au trait et incrusté à plat d'or et de shakudo : dragon dans les nuages.
Signé : Tairiusaï.

295. — Deux pièces en fer : Kashira et Kojiri, incrustées de feuilles et de
fleurs.
XVIIIe siècle.

296. — Deux fushi-kashira en bronze, damasquinés et ciselés en relief : scènes
guerrières.
(Influence des Soten).

297. — Fushi-Kashira en shakudo, à fond de nanako, ciselé d'un dragon.

298. — Deux fushi-kashira, à fond de nanako, ciselés et incrustés de motif de
fleurs et de feuilles.
Influence des Goto. — Nomura.

299. — Deux fushi-kashira en bronze, ciselés et repoussés, damasquinés d'or :
a) cerf sous le feuillage; b) chiens de Fô.
(Influence des Goto-Nomura.)

300. — Fushi-Kashira en shakudo, incrusté en relief de cuivre rouge et de
bronze dorés, d'une guêpe et de pivoines.
Style des Nomura.

301. — Fushi-Kashira en shakudo, ciselé d'une poule et ses poussins.
Signé : Tsunenobu.
(Province de Nagato, XIXe siècle.)

302. — Deux fushi-kashira, l'un en fer, l'autre en bronze, incrustés et ciselés.
(Influence des Kizayemon.)

303. — Deux fushi-kashira, l'un en shakudo, l'autre en shibuishi, ciselés et
incrustés.
(Influence des Nara-Hamano.)

304. — Deux fushi-kashira en bronze, incrustés et ciselés : a) Martin-pêcheur
dans les roseaux; b) petit personnage et oiseaux.

305. — Deux fushi-kashira en bronze, ciselés et incrustés : a) Poule dans
l'herbe; b) Motif de mons.

306. — Fushi-Kashira en shibuishi, ciselé au trait et incrusté en relief d'ar-
gent : visage d'Okamé et petit personnage sous les bambous.
Signé : Naonobu.
(Artiste de la Famille Yanagawa.)

307. — Trois Fushi, en shakudo, ciselés et damasquinés. Scènes guerrières.
(Influence des Soten.)

308, — Fushi en fer, ciselé d'un paysage.
(Style des Kizayemon.)

309. — Cinq kashira en shakudo et shibuishi, de styles divers.

310. — Deux Fushi, l'un en shakudo, l'autre en shibuishi, incrustés en relief et ciselés, *a*) feuillage; *b*) attributs.

311. — Kashira en shibuishi, incrusté en relief et ciselé d'un aigle perché.

312. — Trois Fushi en bronze, de styles divers.

313. — Trois menukis en shakudo et cuivre rouge: *a*) poisson; *b*) oies; *c*) corbeau.

314. — Trois menukis en bronze : *a*) charette; *b*) deux personnages; *c*) pivoines.

315. — Deux menukis en shibuishi, damasquinés d'or: cosse de haricots.

316. — Quatre menukis, en bronzes incrustés: *a*) crevette; *b*) rat; *c*) cheval; *d*) petit personnage.

317. — Cinq menukis, en bronze divers. Incrustations de shakudo et or : *a*) chien de Fô; *b*) corbeau; *c*) singes; *d*) oiseau; *e*) cheval.

318. — Quatre menukis : *a*) paysage; *b*) petit personnage; *c*) sage avec une biche; *d*) lapin.

DIVERS

319. — Six boutons en bronze, ciselés et incrustés.

320. — Deux ornements en bronze d'argent.

321. — Pièces détachées.

Peintures et Kakémonos

322. — *Mort de Bouddha.* — Sur un catafalque, sous de grands arbres, Bouddha est étendu, entouré de toutes les divinités du Ciel, des saints et des êtres de l'Enfer. En bas se sont groupés, dans des attitudes de désolation, tous les animaux de la création.

Dans un nuage, à la partie supérieure, apparaît un groupe de divinités.

L'exécution des figures est d'une finesse et d'une expression absolument remarquables.

XVIIe siècle.

323. — Divinité assise sur un socle de lotus, entourée d'un grand nombre de divinités dans des fleurs de lotus, formant un large médaillon, encadré d'une bande à décor de fleurs et divinités.

Jolie monture d'étoffe ancienne, brochée d'or.

Ayant fait partie de la collection du Prince Surugano-Kami. XVIIIe siècle.

324. — Une haute colline, au bord de la mer, derrière un pin gigantesque.

École de Kano. Tanyensaï-Hogan.

325. — Joli paysage enfoui sous la neige, au bord du lac.

Signé : Kano nobou.

326. — Portrait d'un ministre de l'Empereur, représenté debout, tenant un sabre à fourreau vert.

Peinture chinoise, fin du XVIIIe siècle.

327. — Peinture représentant de jolies habitations cachées dans les saules, au pied de hauts rochers.

Peinture de caractère chinois par Fujiwara no kami. Miti-Gata, XVIIIe siècle.

328. — Peinture chinoise sur soie, représentant deux des Pa Sien entourés d'enfants.

XVIIIe siècle.

329. — Peinture représentant Ni-ten-chi, divinité du soleil, entouré de cinq autres divinités, devant des limbes de flamme.

Très belle peinture aux tons atténués. École de Tosa, par Tosa Mitsuharo, XVIIe siècle.

330. — Peinture représentant Gen-tenchi, divinité de la lune, faisant pendant au numéro précédent.

École de Tosa. Tosa Mitsuharo.

331. — Grue prenant son bain, au lever du soleil, sous un rocher couvert d'un grenadier fleuri.

Signé : Buntcho.

332. — Peinture de caractère chinois, représentant trois des Pa-Sien, dont un avec l'ibis sacré.

XIXe siècle.

333. — Deux cigognes, près d'une branche de sapin.
Signée : Maruyama O-Kio. Datée du milieu de l'hiver de Tem-mei, 1781-1788.

334. — Peinture représentant Bouddha, entouré de nombreuses divinités, sur un joli siège de lotus, supporté par un éléphant et une chimère.
XIXᵉ siècle.

335. — Les jonques, au clair de lune, dans les roseaux fleuris.
Jolie peinture, signée : Jueshin. XiXᵉ siècle.

336. — Paysage représentant des rochers au bord de la mer.
Signé : Shigenobou.

337. — Jolie femme en peignoir rose, à décor de caractères.
Signé : Shiugetsusaï.

338. — Deux peintures de cigognes, aux jolis plumages blancs, près d'un tronc de bambous.
Signé : Shushin.

339. — Réunion de dieux du Bonheur, riant et dansant à l'ombre d'un pin.
Signé : Tomotaka.

340. — Deux paons perchés sur un pin, au coucher du soleil.
Sans signature. XIXᵉ siècle.

341. — Manzaï, fête du jour de l'an.
XIXᵉ siècle.

342. — Peinture représentant la Senji-Kwannon, sur son siège d'éléphants blancs.
Fin du XVIIIᵉ siècle.

343. — Jeune femme se préparant à rentrer dans la cabine d'une jonque, au clair de lune.
Signé : Kikoukawa Eisan.

344. — Deux peintures, formant paire, représentant des paysages de rivière, au milieu des érables aux feuilles rouges.
Signées : Sumiyoshi Naeki, Hiro-sada.

345. — Peinture représentant Bouddha, assis sur un joli siège de lotus, aux feuilles polychromées, rehaussées d'or.

346. — Jeune femme, au long kimono gris, se promenant, une touffe d'iris à la main.
Signée : Zen Hokousaï.

347. — Jeune femme, à la robe décorée de feuilles d'érable, au manteau à décor de fleurs de cerisiers.
École de Moronobou.

348. — Hinode ni matsu ni tsuru, les emblèmes de félicité. Cigogne venant se poser sur un gros pin, au lever du soleil.
XIXᵉ siècle.

349. — Jolie peinture, représentant le bouddha Chogen Gentin Jouin, debout
sur la fleur de lotus, les mains esquissant le geste qui rassure et
le geste de charité, devant l'auréole Funagokou en or, décoré
de onze statuettes de bouddha et de rinceaux stylisés.
Propriété du Temple Se-Kio-ji. Sachiga gode-zan, XVIe siècle.

350. — Jeune femme debout dans une barque, un éventail entre les dents.
A ses pieds un taiko.

351. — Deux peintures, paysage au bord de la mer.
Katsukawa. — Ho-shin.

352. — Jeune femme, au kimono décoré de mon de fleurs, exécutée dans
le style de Mataheï, dont il porte la signature.

353. — P ddha debout sur des nuages, entouré de deux apsaras et de
Fudo.
Daté : 1816.

354. — Pointe de rochers dans la mer.
Signé : O-Kio.

355. — Jeune femme, aux robes de diverses couleurs.
Tancho-sai.

356. — Jeune femme, à la robe bleue, relevant son grand manteau noir.
Signé : Katsushika Hokousaï ?

357. — Poétesse accroupie au bord du ruisseau, sous les arbres fleuris.
Signé : Setsuo Fumi Yoki.

358. — Personnage debout au bord du ruisseau.
Signé : Setsuo Fumi Yoki.

359. — Groupe de divinités dans les nuages, accompagnées de Fado.
Signé : Shiunsai Terufussa.

360. — Groupe de divinités dans les nuages, au-dessus d'un joli paysage.

361. — Oiseau sur un arbre fleuri.
Signé : Setsu wan.

362. — Groupe d'oiseaux jouant sur un rocher au bord de la mer.
Signé : Karamune.

363. — Bouddha, assis sur le lotus. Peinture à l'encre de Chine.

364. — Groupe d'Immortels. Peinture à l'encre de Chine.
Attribuee à Mitsu-oki.

365. — Joli vase fleuri, entouré de nombreuses poésies, dues à des pinceaux
divers.

366. — Jeune femme debout, près de son miroir.
Signé : Shiugetsu saï.

367. — La fête des cerisiers en fleurs.
Signé : Bunko.

368. — Paysage chinois.

Signé : Yosaï Takeyassou.

369. — Petit oiseau sur une branche fleurie.

Signé : Hogan Doshun.

370. — Bouddha, à face rouge, assis sur un lotus, au-dessus d'un vase.

Date : Onzième année de Tempo (1841).

371. — Autre figure de Bouddha.
372. — Autre peinture de Bouddha.
373. — Jolie peinture, représentant Fudo, le corps noir, debout devant son auréole de flamme, entouré de Kongara et Seitaka.

XVIIe siècle.

374. — Deux jolis faisans sur le tronc d'un pin, au milieu des rhododendrons fleuris.

Cachet.

375. — Cigogne debout près d'un tertre gazonné.

Signé : Okio Korin ?

376. — Deux jeunes femmes sous un cerisier en fleurs.

377. — Portrait du prêtre Tanen shô-shi, assis dans un large fauteuil de temple.

Signé : Ida Toshinen a l'àge de 88 ans.

378. — Personnage portant un coffret de fête.

Signé : Rakou shisaï Kosukoku

379. — Groupe de divinités, portant des attributs et des oriflammes, entourant le « dieu du jour de l'an ».

380. — Petit mandara, représentant la mort de Shaka.

381. — Divinités groupées sur des rochers élevés.

382. — Trois peintures, portrait d'un personnage barbu, l'un vêtu d'une jolie robe rouge, à décor de mon de dragon, l'autre d'une robe verte, le troisième d'une robe bleutée.

Signé : Ranho.

383. — Peinture représentant Jizo, debout sur le lotus, au milieu des nuages. Peinture très fine, à rehauts d'or.

384. — Un vol de cigognes passe au-dessus des cerisiers en fleurs, en vue de Fuji, s'estompant dans le lointain.

Signé : Tekkai

385. — Figure de Kwannon.

386. — Jeune femme se promenant sous un érable aux feuilles rouges.

Signé : Rakusen Eishi.

387. — Conseil de daymios entourant le Kaï-e no shingen.

388. — Mandara. — Mort de Bouddha entouré de toutes les divinités.

389. — Grande peinture chinoise, sur soie, représentant de nombreuses industries.

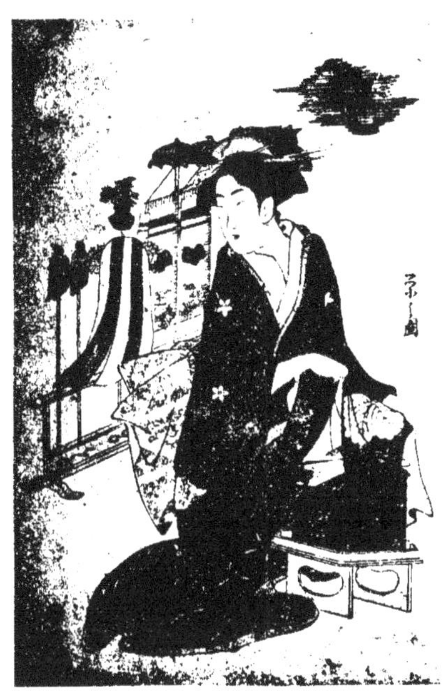

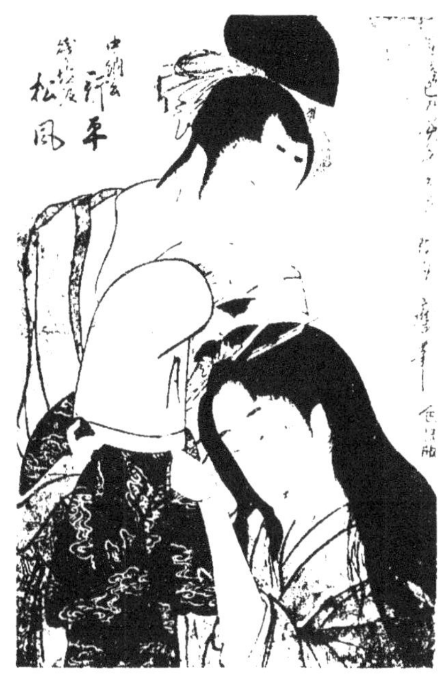
松風
行平

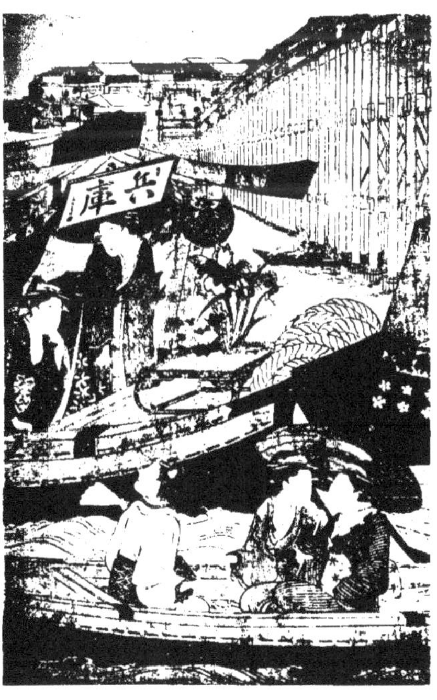

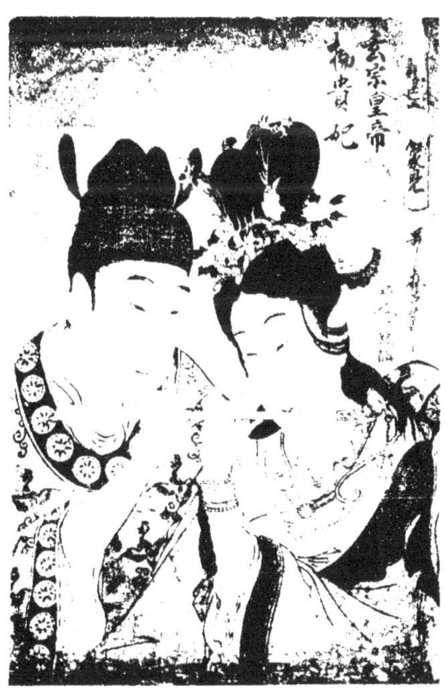
玄宗皇帝
楊貴妃

ESTAMPES JAPONAISES

HARUNOBOU

390. — Ft carré. Yebisou fumant sa pipette et causant à une jeune marchande.
Tirage postérieur

391. — Ft carré. Couple devant un paravent, décoré d'oies sauvages.
Tirage postérieur

392. — — Trois feuilles d'album.

393. — Petit ft carré. Deux planches de la série des « Occupations de femmes ».

YEISHI

394. — Ft haut. Deux jolies courtisanes, accroupies, fumant leurs pipettes; l'une d'elles porte un joli kimono rouge à « mon » de chrysanthèmes.
Planche d'un excellent tirage en parfait état

395. — Ft haut. Jeune femme au kimono mauve, dissimulant une gerbe fleurie.
Très bon état

396. — Ft haut. Jeunes femmes en promenade, l'une d'elles tenant un petit chien.
Bon tirage

397. — Ft haut. Jolies femmes en barque, près du port de Ryogokou.
Bon tirage

398. — Ft divers. Deux planches. Occupations de femmes. Oiran en promenade.

399. — Ft haut. Deux planches. Jeunes femmes à la promenade, suivies de leurs kamuros.
Tirages postérieurs

YEISHO

400. — Pt ft haut. Jeune femme accoudée sur sa table à écrire.

TORII KYOMINE

401. — Gd ft haut. Jeune femme, sous un arbre en fleurs, frappant un taïko.

402. — Gd ft haut. Jeune femme et enfant conduisant un bœuf noir.

HIDEMARU

403. — Gd ft haut. Deux jeunes femmes se préparant à écrire.

TOYOHIRO

404. — Gd ft haut. Les deux fauconniers.

405. — Petit ft carré. Sourimono représentant Yebisou flirtant avec une jeune femme.

KUNINAGA

406. — Gd ft haut. Jeunes femmes causant devant un paravent décoré d'une jeune femme à califourchon sur le dos d'un gigantesque poisson.

NAGAHARU

407. — Petit ft haut. Deux jeunes femmes en buste.

YEISEN

408. — Gd ft haut. Trois planches de courtisanes aux somptueuses robes.

SHUNSHO

409. — Hoso-ye. Pêcheuse de sel.

410. —   —   Quatre planches d'acteurs.

411. — Ft carré. Une planche de l'histoire de Genji.

412. — Ft largeur. Une fête au Yoshiwara.

SHUNTCHO

413. — Gd ft haut. Trois jeunes femmes au bord du lac, devant la boutique d'un marchand de cages.

414. — Ft largeur. Une planche de l'album des Maisons Vertes.

415. — Gd ft haut. Deux jeunes femmes et des enfants au bord du lac.

SHUNKO

416. — Ft haut. Jeune femme se préparant à écrire.

417. — Ft largeur. Quatre planches. Voyageurs en vue du Fuji. Famille à la campagne. La jonque. Le passeur.

418. — Hoso-ye. Acteur élevant un miroir.

BUNTCHO

419. — Hoso-ye. Jeune femme et fillette près d'une lanterne.

HARUSHIGE (1747-1818)

420. — Pt ft haut. Une jeune femme, restée sous sa moustiquaire, éclaire un jeune homme apparaissant derrière une tenture. Près d'eux la jeune servante s'est endormie.

TOYOKUNI (Utagawa 1769-1825)

421. — Gd ft haut. Jeune femme accroupie près de son hibashi et écrivant une lettre.
Très jolie planche en premier tirage, indiquant les gaufrages

422. — Gd ft haut. Deux personnages en train de boire du saké.
Planche d'un bon tirage, mais un peu fatigué

423. — — Jeune femme au kimono brun, nouant son obi.
Bon tirage aux tonalités douces

424. — — Jeune femme accroupie, auprès d'une jardinière fleurie.
Bon tirage. Epreuve brunie

425. — — Scène d'intérieur. Jeunes femmes lisant et kamuros jouant
Estampe dans le style de Yeishi, mais aux tonalités un peu criardes

426. — Gd ft haut. Quatre jeunes femmes sur une terrasse, au bord de la Soumida.
Même remarque que la précédente

427. — Gd ft haut. Petite courtisane en promenade, accompagnée de ses kamouros.
Tirage sur d'anciens bois, très chargés en couleurs

428. — Gd ft haut. Vingt-deux planches représentant des scènes d'acteurs divers.
(seront divisées)

429. — Gd ft haut. Onze planches de formats et de scènes divers.
(seront divisées)

430. — Pentaptyque. La foule au Yoshiwara, au moment des cerisiers en fleurs.
Jolie composition

431. — Pentaptyque. Le cortège de la princesse, aperçue dans son kago, au milieu de ses nombreux serviteurs.

Epreuve brunie

432. — Pentaptyque. Répétition de la pièce précédente.

Impression médiocre

433. — Triptyque. Le prince Genji sur sa terrasse au bord de la mer, entouré de nombreuses et jolies femmes.

Tirage postérieur bruni

434. — Gd ft haut. Dix-huit planches de tirage inférieur, représentant des scènes d'acteurs.

(seront divisées)

435. — Divers. Un hoso-ye et cinq sourimonos divers.

436. — Gd ft haut. Jeune femme en promenade, la ceinture décorée de jolies chrysanthèmes.

437. — Gd ft haut. Jeune femme rajustant sa coiffure, son kimono rouge décoré d'un vol d'oiseaux de paradis au milieu des fleurs.

KOUNYOSHA

438. — Ft largeur. Jeune enfant venant d'essayer sa première pipette.

439. — Ft largeur. Six planches représentant des scènes d'animaux fantastiques.

440. — Petit ft largeur. Neuf planches diverses.

441. — Ft haut. Deux planches d'acteurs. Une planche : le Marchand ambulant.

442. — Petit ft haut. Six planches sujets divers.

443. — Ft divers. Seize planches.

444. — Ft haut. Deux triptyques à scènes d'acteurs.

HANABUSA TACHO

445. — Ft largeur. Le temple en plein air.

446. — — Pugilat sur des bateaux.

447. — — Scène dans la neige.

448. — — Le concert sur la terrasse.

YEISAN

449. — Gd ft haut. Trente-quatre planches de courtisanes en diverses occupations.

(seront divisées)

450. — Gd ft haut. Quatre planches. Le feu d'artifice sur la Soumida.

451. — Gd ft haut. triptyque, représentant des jeunes femmes se promenant devant les boutiques.

452. — Gd ft haut. diptyque. Les blanchisseuses.

453. — Ft hachirakaki. Deux planches de courtisanes.

454. — Hoso-ye. Oiran en promenade.

HOKOUSAI

SÉRIE DES TRENTE-SIX VUES DU FUJI

455. — Onden mizu Kuruma. Le Fuji, vu du moulin à eau de Onden.

456. — Ejiri, province de Sunshiou (Suruga). Le Fuji, vu à travers les rizières, où les travailleurs luttent contre la bourrasque.

457. — Misaka suimen. Le Fuji se reflétant dans le lac Misaka, perdu dans la verdure.

458. — Ryogokou bashi. Le Fuji, vu le soir, dans le prolongement du pont Ryogokou. Au premier plan, une jonque de passeur.

459. — Kajika-sawa Kaï. Le pêcheur solitaire, sur la pointe d'un rocher, tenant les lignes de son filet. Le Fuji, au fond, dans le brouillard.

460. — Yama shita shiro ame. Les éclairs à la base de la montagne. Le jour naissant éclaire le sommet neigeux du pic.

461. — Minobou gawa. Le Fuji vu des berges de la rivière Minobou, derrière de hauts rochers à pic. Sur le bord, des coolies portant un kago.

SÉRIE DES CHUTES D'EAU

462. — Kirifuri no taki. La chûte Kirifuri (de la rosée qui tombe) dans la montagne Kurokami.

463. — Mino, Yoro no taki. La chûte Yoro, dans la province de Mino, tombant derrière un rocher où est perché un petit cottage.

SÉRIE DES PONTS

464. — Quido san, Kumo kate bashi. Léger pont de bois jeté sur deux rocs à pic, au milieu des nuages.

DIVERS

465. — Poème par Ten-Chi Tenno. Scène d'automne dans la rizière, les paysans se hâtant de rentrer leur récolte.

466. — Le marchand coréen.

467. — Vingt-quatre planches de la série du petit Tokaïdo.
(Retirage)

468. — Treize sourimonos divers.

469. — Trois planches diverses.

OUTAMARO (1754-1806)

470. — Gd ft haut. Djoro en buste, aux kimonos mauve et rose, tenant un makémono décoré de feuilles d'érable.
Bon tirage

471. — Gd ft haut. Deux jeunes femmes, dont l'une a les cheveux dénoués, lisent une lettre.
Bon tirage, légèrement frotté

472. — Gd ft haut. Jeune femme lisant dans la main de son ami, debout à ses côtés. Jolie opposition de couleurs entre le rose du kimono et le noir du manteau.

473. — Gd ft haut. Jeune femme, la gorge nue, coiffant sa compagne.
Bon tirage fatigué. Epreuve fortement rognée

474. — Gd ft haut. Personnage, chez son coiffeur, faisant, dans une petite glace, des signes à une jeune femme apparaissant derrière lui.
Epreuve rognée

475. — Ft. haut. Trois jeunes femmes, près d'un hibashi, devisent, sur une terrasse ombragée de pins.
Très beau tirage gauffré aux douces tonalités

476. — Ft haut. Jeune femme, les cheveux dénoués, présentant un manteau et une coiffure à un daymio, debout à ses côtés.
Excellent tirage

477. — Ft. haut. Jeune femme accroupie, la robe décorée de taiko, soignant un arbre nain fleuri.
Bon tirage, un peu sec

478. — Ft haut. Jeune homme versant du saké dans la coupe que lui tend un jeune homme au kimono quadrillé.
Très bon tirage

479. — Ft haut. Jeune mère, montrant la lanterne magique à deux petits garçons.
Bon tirage. Epreuve brunie

480. — Ft haut. Joli buste de Djoro, au kimono rose, décoré de fleurettes
blanches.
Très belle impression aux douces tonalités

481. — Ft. haut Courtisane en buste, à sa toilette.
Très jolie composition un peu fatiguée

482. — Ft haut. Jeune femme, en kimono décoré de feuilles d'érables, debout
près de son ami.
Beau tirage en rose et brun

483. — Ft haut. Buste de courtisane, déroulant un makémono.
Belle épreuve très brunie

484. — Ft haut. Deux jeunes femmes, dont l'une ajuste sa coiffure, jouent
au jeu du papillon.
Bonne épreuve aux couleurs fraiches

485. — Ft haut. Buste de Djoro, la tête couverte d'une coiffe blanche.
Très belle épreuve laissant paraitre le gauffrage et deviner le kimono rose sous
le léger manteau noir

486. — — Un couple, au coiffures originales, joue de la flûte.
Belle épreuve très fatiguée

487. — Triptyque. Une princesse, aidée par deux kamuros, descend de son
kago, arrêté sous un arbre fleuri. Sur une terrasse, deux jeunes
femmes et un homme, vu derrière le store baissé, la regardent.
Tirage postérieur

488. — Ft haut. Jeune femme disposant des fleurs dans un vase.
Epreuve très fatiguée avec oxydation des couleurs

489. — Ft haut. Jeune femme nouant une ficelle, dont elle tient une extré-
mité entre ses dents, autour de son poignet.
Planche délicatement imprimée faisant partie de la série de cinq estampes de jeunes femmes
dite « go me game » (face à main)

490. — Ft. haut. Deux planches représentant des courtisanes en promenade,
suivies de leurs kamuros.
Jolies compositions aux tonalités un peu vives

491. — Ft haut. Deux jolies femmes regardent un makémono, décoré de pivoines fleuries.
Jolie planche à dominants roses et verts

492. — Ft haut. Deux jeunes femmes en buste, l'une rajustant sa coiffure,
l'autre tendant une coupe à saké.
Jolie composition aux couleurs épaisses

493. — Ft haut. Jeune homme apparaissant dans l'ouverture d'une baie,
devant laquelle sont groupées deux jeunes femmes.
Bonne épreuve un peu chargée en couleurs

494. — Ft haut. Jeune femme accroupie, écrivant sur une longue planchette.
Bon tirage

495. — — Planche de triptyque. Jeunes femmes debout près d'un kago.
Tirage postérieur

496. — — Couple rentrant la nuit, l'homme portant une lanterne.
Jolie impression de tissus en transparence

497. — — Cinq planches de la série de la « Soie ».
Tirages postérieurs : épreuves fatiguées

498. — Ft haut. Jeune homme, au kimono rose voilé de bleu, debout près de son ami.
Bonne impression

499. — Ft haut. Jeune femme debout, près d'un personnage au kimono brun, sabre au côté.
Bonne impression

500. — Ft haut. Jolie femme, une branche fleurie à la main.
Très bon tirage

501. — — Couple, la jeune femme tenant une petite cage.
Tirage médiocre très chargé en couleurs

502. — — Deux estampes représentant de jolies courtisanes, en buste.
Bonne impression

503. — — Deux estampes représentant des Djoro, richement vêtues.

504. — — Jeune femme jouant du shamisen et faisant danser son enfant.
Impression médiocre

505. — Ft haut. Deux estampes de jeunes femmes aux kimonos noirs, l'une écrivant une lettre, l'autre, près de son hibashi, fumant sa pipette.
Bons tirages aux couleurs vibrantes.

506. — Ft haut. Deux estampes. Jeune homme jouant de la flûte près de son amie. Jeune femme se préparant à écrire.
Epreuves très brunies

507. — Ft haut. Deux Djoros en buste, l'une rajustant sa coiffure.
Beau tirage

508. — Ft haut. Jeune femme jouant avec une petite souris blanche. Debout, à ses côtés, une amie tient une petite cage.
Jolie composition d'un bon tirage

509. — Ft haut. Jeune femme, le sein nu, se faisant coiffer.
Epreuve brunie

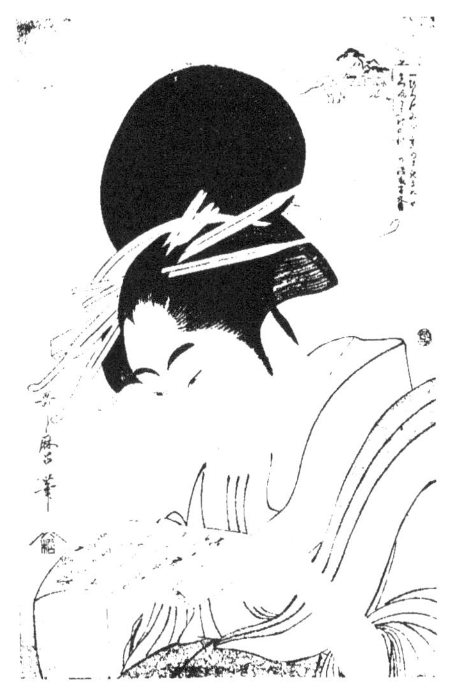

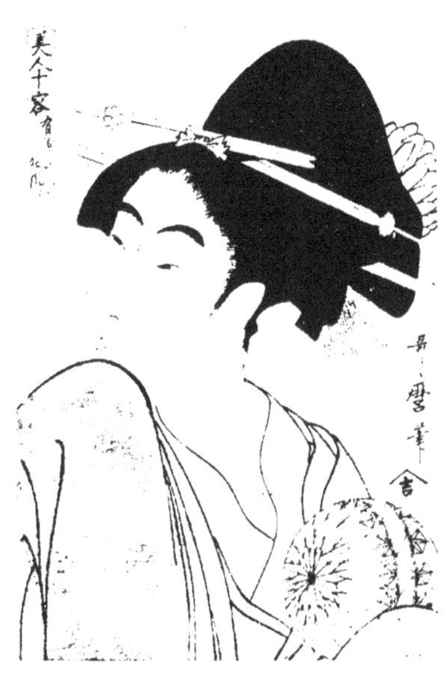

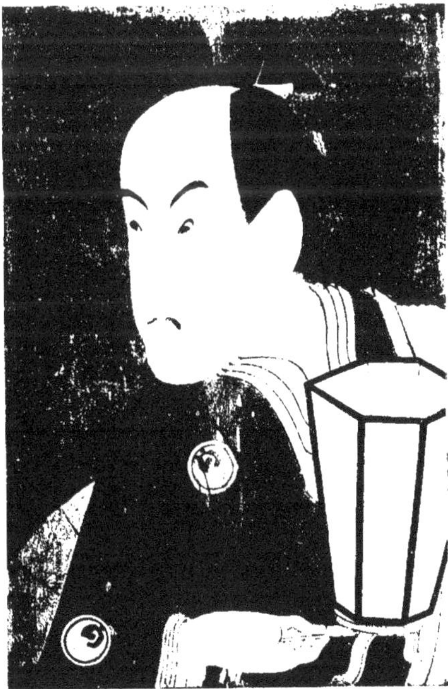

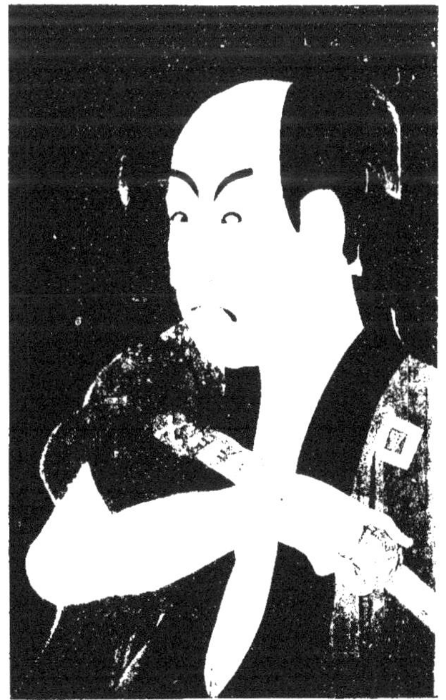

510. — Deux jeunes femmes richement vêtues, se promènent, l'une d'elles ramassant des fleurs.
Jolie composition aux couleurs harmonieuses

511. — Ft haut. Jeune femme accroupie, jouant du shamisen.
Beau tirage Epreuve très fatiguée

512. — — Courtisane et sa kamuro.
Impression médiocre

513. — — Jeune garçon, dansant devant deux femmes.
Epreuve très fatiguée

514. — Ft haut. Jeune homme, un éventail à la main, faisant la cour à une geisha.
Epreuve doublée

515. — Ft. haut. Deux jeunes femmes, l'une jouant du shamisen, l'autre faisant de la couture.
Tirage postérieur

516. — Deux jeunes femmes, à la robe décorée de chrysanthèmes, lisent une lettre.
Impression médiocre

517. — Ft largeur. Quatre planches du livre des Maisons vertes.
Tirage postérieur

518. — Ft haut. Trois jeunes femmes, aux coiffes blanches, se promenant au bord de la rivière, suivies d'un serviteur.

519. — Ft haut. Scène de théâtre.

520. — Pt ft carré. Trois jeunes femmes en promenade.

521. — Ft largeur. Jeunes femmes en barque, fumant leurs pipettes.

522. — Ft Hoso-ye. Daïkokou frappant un taïko, accompagne Yebisou jouant du shô.
Beau tirage. Epreuve fatiguée

523. — Sourimono. Jeunes femmes occupées à la confection de pâtisseries.

524. — — Deux jeunes femmes en buste.

525. — — Petite jardinière fleurie.

526. — Ft largeur. Feuille aquatique sur laquelle rampe une chenille.
Très beau tirage. Page de l'album des Insectes

527. — Naga-ye. Trois planches de courtisanes.

528. — Gd ft haut. Couple, lui debout, vêtu d'un kimono noir et portant un vase fleuri.

529. — Gd ft haut. Jeune femme au joli kimono vert et brun, lisant un makémono.

Excellent tirage

530. — Gd ft haut. Courtisane richement vêtue, portant un petit chien.

531. — — Deux courtisanes fumant leurs pipettes.

532. — Gd ft haut. Deux planches. Jeune femme et fillette. Deux courtisanes en buste.

ECOLE D'UTAMARO

RIOUKOKOU

533. — Gd ft haut. Jeune femme, le kimono richement décoré de dragons, accoudée sur sa pipette.

534. — Gd ft haut. Courtisanes autour d'un tabacobon.

KIKUMARO

535. — Pt ft haut. Deux jeunes femmes et un jeune homme dans la campagne.

536. — Pt ft haut. Courtisanes demi-nues, à leur toilette.

537. — — Trois jeunes femmes en promenade.

TSUKIMARO

538. — Gd ft haut. Couple près d'une table chargé de mets.

539. — — Courtisane accroupie lisant une lettre.

SHARAKOU

540. — Gd format haut. Portrait de l'acteur Ichikawa Omezo, trant son sabre.

Très bon tirage postérieurement remicacé

541. — Gd ft haut. — Portrait de l'acteur Banto Hikosaburo, une lanterne à la main, le kimono portant des mon d'oiseaux.

HIROSHIGE

542. — Ft hauteur. Soixante-douze planches des séries du Tokaïdo.

543. — Ft largeur. Une importante série de planches du Tokaïdo, Kisokaido, etc., la plupart en bons tirages.

(seront divisées)

544. — Ft hauteur. Plusieurs planches de séries diverses.

545. — Pt ft largeur. Quelques planches du petit Tokaïdo.

546. — Gd ft haut. Lot de planches représentant des personnages divers.

547. — Gd ft haut. Trois triptyques.

548. — Ft étroit haut. Deux planches de la série des fleurs et oiseaux.

549. — Ft carré. Mésange sur une branche fleurie.

550. — Ft largeur. Série des poissons. Crevettes et maquereaux.

551. —   —   Six planches de la série des fidèles Ronins.

552. —   —   Dix planches du Tokaïdo et Kisokaido.
(encadrées)

553. — Ft étroit haut. Héron dans les hautes herbes.

554. —   —   Moineau dans les chrysanthèmes.
Impression en bleu

EISEN

555. — Ft largeur. La foule sur le pont Nihon, en vue du Fuji.

556. — Ft haut. Trente planches de courtisanes.

557. —   —   Deux triptyques et un diptyque.

KOUNISSADA

558. — Une importante collection d'estampes de formats divers.

DIVERS

559. — Un lot d'estampes par Toyokouni, Kounissada, Massayoshi, Massatomi, etc...

560. — Un lot de sourimonos divers.

561. — Un lot d'estampes par Yoshimaru, Ransen, Hokkeï, Kunichika, Yoshitora, Sadahide, Shuntei, Hokujiu, Shunsen, etc...
(seront divisées)

562. — Un petit lot de feuilles d'albums.

563. — Deux dessins rehaussés de couleur.

564. — Peinture chinoise. Jeune femme, à la robe rouge, debout, une coupe à la main, près du tronc noueux d'un arbre fleuri.
XVIIIᵉ siècle

565. — Douze peintures chinoises encadrées représentant des personnages divers seuls, ou à califourchon sur des animaux fantastiques.

566. — Deux bois pour l'impression.

567. — Deux peintures sur soie, représentant un cortège impérial.

568. — Une jolie collection d'écrans et d'éventails peints, à décor de fleurs, de guerriers et d'oiseaux.

Chine   (sera divisée)

569. — Un lot de peintures diverses, à nombreux personnages.

570. — Une collection de ponsifs à sujets variés.

571. — Une jolie collection de petits carrés d'étoffes japonaises anciennes brochées et brodées.

572. — Un lot de dessins et esquisses sur papier de soie.

LIVRES ILLUSTRÉS

HOKOUSAI

573. — Un album illustré en couleurs " Vues de Yédo "

574. — Un livre de l'ouvrage des " Cent Vues du Fuji "

575. — Un livre illustré en couleurs " Banshokou ". Recueil de dessins d'art.

576. — Un album illustré en couleurs " Les Promenades aux environs du Yedo "

577. — Uu album illustré en couleurs " Les 58 stations du Tokaïdo ".

578. — Un volume complet illustré en noir " Joruri Zekku ". Scènes d'acteurs.

579. — Six volumes de la Mangwa.

580. — Un volume illustré en couleurs " Yodogawa Shokei Zukai ". Jolies sites.

YANAGAWA SHIGENOBOU

581. — Deux volumes (complets) illustrés en couleurs " Les Femmes fortes et les Femmes célèbres ".

582. — Un volume illustré en couleurs " Scènes de guerriers ".

583. — Un volume illustré en couleurs " Animaux divers ".

KITAO SHIGEMASA

584. — Un volume illustré en couleurs " Poissons".

HAROUNOBOU

585. — Vingt-quatre feuillets en couleurs " Vues de Yedo ".

HIROSHIGE

586. — Un album en couleurs contenant 56 planches de scènes de guerriers du type hollandais.

587. — Un volume en couleurs " Sohitsu gwafou ". Dessins de genre.

588. — Un album en couleurs contenant trente-sept vues de Yédo.

589. — Un album illustré en couleurs " Petit Tokaïdo ".

590. — Un volume illustré en couleurs " Scènes de guerriers ".

TOYOKOUNI

591. — Un album en couleurs. Vingt-quatre planches d'acteurs.

592. — Un album en couleurs. Trente planches de courtisanes, par Toyokouni, Kunissada, Kuniyassou et Kunimarou.

593. — Un album en couleurs contenant vingt-six planches d'acteurs par
Toyokouni et Kunissada.

594. — Trois volumes illustrés en couleurs " Courtisanes et guerriers "

KUNINAO

595. — Un volume illustré en couleurs. Tobaye· Caricatures.

KEISAI ET KUMINAS

596. — Cinq volumes dépareillés. Scènes de mœurs.

YEISEN

597. — Deux volumes illustrés en noir. Modèles de Kimonos.

KIOSAI

598. — Deux volumes modernes en couleurs. Animaux divers et personnages.

YEISEN

599. — Scènes de guerriers. Un volume illustré en couleurs.

600 — Moyo hinagata. Un volume de fleurs en couleurs.

SADAHIDE

601. — Un volume illustré en couleurs. Fleurs et paysages.

SUKENOBOU

602. — Deux volumes illustrés en noir. Scènes de mœurs.

603. — Deux autres volumes. Scènes diverses.

604. — Deux volumes en noir. Scènes variées.

DIVERS

605. — Deux volumes, l'un par Hiroshige. Paysages divers, et quelques planches sur les deux Niô.

606. — Un petit volume en noir. Scènes diverses attribuées à Massanobou.

607. — Un volume de croquis divers.

608. — Cinq volumes divers, illustrés en noir.

609. — Deux volumes de dessins divers.

610. — Quatre petits volumes.

611. — Deux volumes d'aquarelles.

612. — Quatre volumes de fleurs et d'oiseaux sur papier de riz.

CATALOGUES

613. — Un volume de la " *Collection Hayashi* ". Estampes. Dessins. Livres illustrés.

614. — Un volume de la " *Collection Hayashi* " Objets d'Art (2me partie.)

615. — Numéros omis.

Imp. KELLER & POIRIER

88, Rue Rochechouart, 88

——— PARIS ———

www.ingramcontent.com/pod-product-compliance
Ingram Content Group UK Ltd.
Pitfield, Milton Keynes, MK11 3LW, UK
UKHW031805170726
13836UKWH00003B/1193